Os laços
entre NÓS

Dados Internacionais de Catalogação na Publicação (CIP)
Angélica Ilacqua CRB-8/7057

Silva, Cleiton
  Os laços entre nós : dicas para superar as crises no matrimônio / Cleiton Silva. -- São Paulo : Paulinas, 2021.
  72 p. (Coleção Pastoral Familiar)

  ISBN 978-65-5808-065-7

  1. Aconselhamento pastoral 2. Vida cristã 3. Matrimônio I. Título II. Série.

21-2320 CDD 253.5

Índice para catálogo sistemático:
1. Aconselhamento pastoral

1ª edição – 2021
1ª reimpressão– 2021

Direção-geral: *Flávia Reginatto*
Editora responsável: *Andréia Schweitzer*
Coordenação de revisão: *Marina Mendonça*
Copidesque: *Ana Cecilia Mari*
Revisão: *Sandra Sinzato*
Gerente de produção: *Felício Calegaro Neto*
Projeto gráfico: *Manuel Rebelato Miramontes*
Capa e diagramação: *Telma Custódio*

Nenhuma parte desta obra poderá ser reproduzida ou transmitida por qualquer forma e/ou quaisquer meios (eletrônico ou mecânico, incluindo fotocópia e gravação) ou arquivada em qualquer sistema ou banco de dados sem permissão escrita da Editora. Direitos reservados.

Paulinas
Rua Dona Inácia Uchoa, 62
04110-020 – São Paulo – SP (Brasil)
Tel.: (11) 2125-3500
http://www.paulinas.com.br – editora@paulinas.com.br
Telemarketing e SAC: 0800-7010081
© Pia Sociedade Filhas de São Paulo – São Paulo, 2021

Padre Cleiton Silva

Os laços
entre NÓS

Dicas para superar as crises no matrimônio

*"Por isso um homem deixa seu pai e sua mãe,
se une à sua mulher, e eles se tornam uma só carne."*
Gênesis 2,24

*"'Por isso deixará o homem seu pai e sua mãe
e se ligará à sua mulher, e serão ambos uma só carne.'
É grande este mistério: refiro-me à relação entre Cristo
e sua Igreja. Em resumo, cada um de vós ame a sua mulher
como a si mesmo e a mulher respeite o seu marido."*
Efésios 5,31-32

*A meus pais, Eliseu e Neci, dedico as páginas que seguem.
Nos seus mais de cinquenta anos de matrimônio dão testemunho
da perseverança em meio às alegrias e tristezas,
na saúde e na doença, todos os dias de suas vidas.*

*Aos inúmeros casais com os quais pude partilhar
e verificar muitos dos conselhos aqui presentes.
A vocês, minha oração e minha alegria
por perseverarem na vocação ao amor.*

*Agradecimento muito especial e particular
a cada casal das Equipes de Nossa Senhora,
do Encontro de Casais com Cristo
e da nossa Pastoral Familiar na
Paróquia São Pedro Apóstolo.*

Sumário

Introdução 11
I – O que herdamos de nossos pais? 15
    Caráter 15
    Cultura 18
    Medos 20
    Caráter, cultura, medo e o auxílio do cônjuge 22
    Anote aí 22
II – Você acha que seu cônjuge mudou demais? 25
    No princípio não era assim 26
    Mudanças que acontecem 28
    Fidelidade exige mudanças 30
    Anote aí 32
III – Por que brigamos tanto? 33
    Se até o crime é organizado... 34
    Evandro e Cássia e seus vícios no matrimônio 35
    Quais remédios para esses vícios? 38
    Anote aí 40
IV – Quem nos influencia? 43
    Coração confuso, decisões desastrosas 44
    Quem se alegra com sua infelicidade? Os riscos da inveja não identificada 45

Onde está a cobiça, aí está a insatisfação..48

Anote aí..49

V – Existe vida após o adultério?..51

As múltiplas feridas contra a fidelidade...52

Alex, as diferenças e a traição..53

Tentando organizar o caos..56

Errar é humano e perdoar é humano também..57

Anote aí..59

VI – Se eu me divorciar, o que irei fazer?..61

"Quero malhar, cuidar da saúde e me divertir"..62

O que seu casamento tem tirado de você?...64

Sem conclusões, apenas meu abraço e minha prece.......................67

Oração matinal do casal..68

Um livro de diálogo on-line e off-line!..71

Introdução

Entre 2014 e 2015, vivemos um momento muito intenso em relação à importância e à evangelização das famílias: o Sínodo dos Bispos sobre a Família, depois chamado apenas de *Sínodo das Famílias*, realizado em duas assembleias (2014 e 2015). O resultado desse imenso trabalho não foi apenas a belíssima exortação apostólica *Amoris laetitia* de Francisco, sobre o *amor na família*, mas a tomada de consciência de que o futuro da evangelização passa pela *saúde da vida familiar*.

O Sínodo da Família e a *Amoris laetitia* ofereceram um ponto de convergência a múltiplos esforços que já estavam em andamento em tantas comunidades e movimentos que se sensibilizavam sobre a situação das famílias nos dias atuais, bem como fomentaram o interesse em pesquisar as condições humanas, psicológicas, antropológicas, culturais e espirituais que permitem uma vida familiar equilibrada e despertaram em tantos agentes de pastoral o interesse por um maior aprofundamento deste tema.

Desde o Sínodo das Famílias, período em que eu concluía meu doutorado em Teologia Moral, vinha procurando tirar do tesouro desse campo do conhecimento coisas novas e velhas (cf. Mateus 13,52) que pudessem ajudar os casais em crise conjugal e familiar. A insistência do Papa Francisco em discutir o tema família na sua realidade concreta me incentivou a pensar em um texto em que casos reais fossem iluminados pelo patrimônio da Teologia Moral e da espiritualidade.

Os laços entre nós: dicas para superar as crises no matrimônio não é um texto de teologia do matrimônio nem de autoajuda para casais, mas é fruto da busca em iluminar as situações concretas[1] de crise conjugal pelo exercício de questionamento, avaliação e discernimento. As crises tendem a nos deixar paralisados e a bloquear nossa capacidade de reação. Como disse o Papa Francisco, nas crises: "[...] as pessoas isolam-se para não mostrar o que sentem, trancam-se em um silêncio mesquinho e enganador. Nesses momentos, é necessário criar espaços para comunicar de coração a coração" (cf. Amoris laetitia, n. 234).

É provável que a principal contribuição deste livro não esteja nas respostas que tenta dar a alguns problemas e dificuldades da vida conjugal. Creio que as questões oferecidas aos cônjuges trarão uma possibilidade de arejar seu pensamento, distanciar-se para poder observar melhor e, assim, abrir portas para que o silêncio da mágoa possa dar lugar ao silêncio da reconciliação. Questionar, avaliar e discernir permitirão olhar para a crise com mais coragem e esperança.

Nas crises conjugais o acompanhamento, pastoral e espiritual, é muito importante, basta conferir o que indica o capítulo 6 da Amoris laetitia. A leitura deste texto não tem condições de substituir um acompanhamento desse tipo, mas pode ajudar os esposos a perceberem a partir de quais pontos devem iniciar o trabalho de reconciliação.

---

[1] O autor tem consciência do seu dever de sigilo quanto ao conteúdo das confissões, conforme o Código de Direito Canônico estabelece (cf. cân. 1388). As situações concretas apresentadas no livro correspondem a casos típicos dos conflitos dos casais, não têm a ver com memórias do autor. Ao longo do texto, recorre-se a expressões como "lembro-me" ou "recordo", mas com a função de envolver o leitor; trata-se apenas de um recurso estilístico, literário, e não histórico.

Ao longo do meu tempo como padre, nunca me coloquei na condição de dar respostas prontas que resolvessem os problemas. Há coisas que quem está de fora não pode fazer, e que somente eles e Deus conseguem resolver. Este texto quer muito mais provocar e chamar o casal à reflexão do que o substituir na sua responsabilidade e grandeza nessa linda vocação ao amor. Deus escolheu a vida conjugal como um sacramento da presença do seu amor. Se o chamado é tão alto, certamente muitas provações irão aparecer. Elas servem para realçar a qualidade desse amor.

Uma grande contribuição recebi de inúmeros casais que se fizeram próximos e souberam me apoiar e ajudar ao longo desses mais de quinze anos de sacerdócio. A convivência, a partilha de vida e o *carregar juntos a cruz* da vida de fé são uma grande escola para o sacerdote e os casais compreenderem suas vocações naquilo que têm em comum: serem um serviço à comunhão.

Uma contribuição notória e muito sólida que recebi foi do acompanhamento de trabalhos pastorais voltados à vida matrimonial e conjugal. Meu sincero agradecimento a todos do *Encontro de Casais com Cristo* (ECC), às *Equipes de Nossa Senhora* (ENS) e à *Pastoral Familiar,* pelo profundo enriquecimento que oferecem a nós, sacerdotes, em nosso ministério.

Especialmente a vocês, esposo e esposa, cabem a correção e o enriquecimento das páginas que seguem.

CAPÍTULO I

O que herdamos de nossos pais?

"O fruto não cai longe da árvore." Esse ditado popular encerra uma sabedoria muito clara sobre o quanto dos nossos pais há em nós. Quer queiramos ou não, muito do que somos depende daquilo que nossos pais são ou foram.

Não me refiro apenas aos nossos componentes biológicos, ao nosso DNA e coisas do tipo, mas, sim, ao caráter, à cultura e aos medos que cada pessoa traz em si. Caráter, cultura e medo são elementos importantes na vida do indivíduo e, por isso, também são fatores essenciais a serem observados na vida conjugal.

Caráter

A palavra caráter indica o modo permanente como a pessoa enfrenta as coisas. É o *mundo individual*, se é que podemos falar assim, que nós criamos para enfrentar o *mundo exterior*. Você conhece bem o caráter dos seus sogros? Conhece as lutas que configuraram a vida deles? Quando o cônjuge consegue compreender o caráter dos seus sogros, tem mais facilidade de ligar com o comportamento do seu esposo ou esposa.

Antes que me esqueça, quando menciono que o caráter de nossos pais nos influencia, não quero dizer que apenas construímos o nosso *copiando* alguma coisa do *caráter* dos nossos pais; às vezes, fazemos isso *rejeitando* ou *negando* o mundo de nossos pais.

Sobre a força dos costumes dos pais e da família em geral na formação do caráter, o Papa Francisco diz assim:

> A família é a primeira escola dos valores humanos, onde se aprende o bom uso da liberdade. Há inclinações maturadas na infância, que impregnam o íntimo de uma pessoa e permanecem toda a vida como uma inclinação favorável a um valor ou como uma rejeição espontânea de certos comportamentos. Muitas pessoas atuam a vida inteira de determinada forma, porque consideram válida tal forma de agir, que assimilaram desde a infância, como que por osmose: "Fui ensinado assim"; "isto é o que me inculcaram" (*Amoris laetitia,* n. 274).

Recordo-me de Ana e Júlio.[1] O casamento deles ia se desfazendo, lentamente, mas com muito sofrimento. Ana reclamava que o marido era avarento, não aceitava gastos *além do necessário*. Mas Júlio entendia que pouquíssimas coisas eram indispensáveis. Ana não compreendia como poderia ser motivo de briga o fato de ter comprado um iogurte para o filho ou ter dado esmola na rua. Para Júlio, nada disso era necessário! Eles tinham seis anos de casamento, um filho de quase cinco anos, e, para ela, esses anos foram repletos de humilhação, de brigas por coisas mínimas.

Um dia Ana veio ao atendimento na paróquia dizendo não saber o que fazer da vida. Sua grande dúvida era: "Nós dois trabalhamos, temos uma vida financeira controlada e conseguimos mensalmente fazer uma reserva razoável. Hoje não estamos doentes, nem algo ruim, como o desemprego, nos atingiu. Mas, se brigamos por causa da compra de um iogurte, como seria se

---

[1] Em todas as histórias, os nomes são fictícios.

estivéssemos em uma situação de crise financeira? Ou, então, se tivéssemos que acolher em nossa casa os nossos pais, em caso de velhice ou doença?". Conversamos sobre muitas coisas, mas dei a ela a seguinte tarefa: conhecer ou refletir um pouco sobre como o tema gastos e dinheiro foi vivido por Júlio, especialmente na infância.

Havia me esquecido da conversa, e semanas depois Ana retornou. Estava ainda bastante confusa. Sabia que o marido havia começado a trabalhar bem jovem, e também que o pai dele tivera problemas com alcoolismo e desperdiçara a vida em vícios... Mas ela nunca tinha conversado com a sogra nem com o marido sobre sua infância, para buscar conhecer certos detalhes. Em certa oportunidade, esteve com a sogra e puderam conversar longamente sobre muitas coisas. Uma delas foi justamente a questão gastos e dinheiro na infância de Júlio.

Resumindo a história, Dona Esmerinda, com muita simplicidade, contou que, uma vez, no aniversário de Júlio, por causa das irresponsabilidades do pai, eles não tinham mais do que uma polenta para comer, que ela fazia nas horas de emergência. O menino sabia que a razão de ela fazer polenta era por não ter outra opção. Era seu aniversário de nove anos.

Conhecer um momento da vida de Júlio tão marcante como esse permitiu que Ana entendesse um pouco mais o comportamento dele. Talvez seu modo de agir não fosse apenas uma questão de avareza, de ambição por acumular mais e mais. Era, na verdade, um esforço para proteger filho e esposa, algo que seu pai não soube fazer. Ana nunca havia passado por algo semelhante, não sabia o que era contentar-se somente com o *indispensável*. As brigas agora até poderiam se repetir, e se repetiram muitas vezes, mas, no coração dela, aquilo não se tratava mais de uma forma de humilhação por gastos a mais. Era como, em um *espelho distorcido,* a confissão de não querer ver a família desamparada.

Cultura

Entre as coisas que têm certo peso na construção dos relacionamentos, especialmente da vida matrimonial, a cultura é um fator de grande importância. A cultura engloba todo o conjunto de ideias com as quais julgamos as coisas e nos identificamos com elas (ou não!), os símbolos que nos representam ou não e a maneira de estarmos no mundo. Se o caráter tem algo de bastante *pessoal*, a cultura é como a identidade de uma sociedade, de um povoado e também de uma família.

Nesse sentido, a cultura pode ser sintetizada nos ditos populares, nas frases com as quais interpretamos os fatos ou com as quais somos chamados à realidade. Pense no impacto desses ditos dentro de um povoado ou uma família: "A preguiça é a chave da pobreza"; "Deus ajuda a quem cedo madruga"; "Quando a esmola é demais, o santo desconfia".

Muitos conflitos entre casais nascem de um choque cultural. Os dois não foram *treinados* para enxergar as coisas da mesma maneira. Não as avaliam nem tomam decisões do mesmo modo. E, por incrível que pareça, cada um tem certeza de estar certo e de que o outro é que está errado.

Sempre me divirto com esta lembrança: conheci um casal que discutia sobre o modo *certo* de descascar laranja. Obviamente o critério disfarçado de racional era, na verdade, a forma como cada um aprendeu a fazer isso com seus pais. Quantos casais hoje brigam por causa da forma de descascar laranjas...

André e Célia se conheceram na pós-graduação. Tinham bons empregos e se casaram pouco depois da conclusão da especialização. Apesar de terem se conhecido no ambiente universitário, o choque cultural entre eles foi incrível. Mas isso não chegou a causar crises graves no matrimônio, porque, graças à formação de ambos, tinham consciência das grandes diferenças que havia entre eles quanto ao modo de ver a vida.

André nasceu em São Paulo, filho de paulistas e neto de imigrantes italianos que vieram ganhar a vida no Brasil. Nasceu e sempre viveu em apartamento, com pais desconfiados de que amizade com vizinhos acaba gerando encrenca. Célia, por sua vez, era filha e neta de agricultores, natural de uma cidadezinha do interior em que boa parte da população era parente ou parente de parente dela.

Para André, a cidade e seus habitantes eram um mistério digno de distância e desconfiança. Já Célia não conseguia deixar de interagir com as pessoas, pois cada conhecido lembrava alguém da família...

Para ele, "família" era o pai, a mãe e suas duas irmãs, que ocasionalmente reuniam-se com os avós paternos e mais uma tia. Já ela, a mais nova de cinco irmãos, criada com primos e *agregados,* achava que muitas vezes o marido era isolado e egoísta. Por sua vez, ele sentia que a esposa não sabia a diferença entre conhecidos e amigos, entre amigos e família, entre família e parente...

Nunca tiveram grandes embates a respeito disso, mas, por exemplo, houve dificuldade para Célia chegar ao número de cinquenta convidados para o casamento, quando sua lista inicial beirava a 86 pessoas, enquanto a lista de André chegou a 36 pessoas, com muito custo! A cultura de cada um, herdada da família, estabelecia critérios diferentes quanto a considerar alguém importante e merecedor de testemunhar um casamento.

Quantas diferenças culturais existem entre os cônjuges! Quando os casais tomam consciência desse fato, conseguem superar muitos obstáculos. Uma atitude importante, nesse sentido, é a capacidade de *avaliar* os critérios que se usa para analisar as coisas. Será que muitas das chateações entre ambos não nascem do desejo de ensinar ao outro o jeito certo de descascar laranjas?!

Medos

O terceiro elemento de que todo cônjuge deve ter consciência, tanto em relação a si mesmo quanto a seu parceiro, é o medo. O medo é um tipo de alerta e uma forma de controlar as coisas que nos podem ameaçar, bem como a nossa existência. Ele pode ser ocasionado por ameaças reais ou irreais, prováveis ou improváveis, próximas ou remotas... Mas ele sempre pode provocar estragos e trazer grandes riscos a um casamento. Do que tenho medo? Do que meu cônjuge tem medo?

Pedro e Katarina se conheceram ainda crianças, no tempo de escola. Depois se distanciaram e, já adultos, se reencontraram, namoraram e casaram. Ela trabalhava em uma loja, com seus irmãos. Ele era representante comercial de uma empresa de médio porte, em ascensão.

As coisas não iam bem entre os dois. Katarina era extremamente ciumenta. E isso era complicado, porque o trabalho de Pedro exigia contato com pessoas de todos os tipos, homens e mulheres, de outras empresas. Recebia ligações fora do horário de serviço e mesmo nos finais de semana. A cada telefonema atendido, iniciava-se uma briga.

Katarina foi flagrada várias vezes mexendo nas coisas de Pedro. Seu ciúme e medo de ser traída não tinham limites. Ele chegou a dar à esposa a senha do e-mail e das redes sociais. Mas ela acreditava que o marido tinha outro e-mail e algum perfil escondido naquela rede social.

Quando Pedro me procurou, estava bastante angustiado. Mesmo quando recebia ligações fora de hora, elas nunca aconteciam depois das 22 horas, e ele não se retirava para longe para responder, mesmo que as reações e comentários da sua esposa muitas vezes atrapalhassem a conversa.

Nunca conversei com Katarina, era o marido quem me procurava para aconselhamento. E eu o orientava que não bastava ser honesto, era necessário também evitar as situações ambíguas. Pedro insistia em dizer que não provocava situações ambíguas. O que lhe feria era que parecia que ela não conseguia acreditar nele, na palavra dele.

A história de Katarina, dos seus pais em específico, deixava tudo muito claro: sua mãe sofrera traição por parte do marido muitas vezes; o pai, antigo dono da loja onde hoje ela trabalha, muitas vezes traiu e foi perdoado, jurando não fazer mais aquilo, porém, nunca cumpriu com a palavra. A mãe de Katarina morreu relativamente jovem, de uma doença lenta e em um período da última traição do marido. Seu pai também já era falecido.

Mesmo sem a conhecer pessoalmente, era possível compreender toda a angústia que acompanhava Katarina. Não via na figura do pai um homem em que pudesse acreditar. Pensava em sua mãe como uma mulher cuja confiança ao marido sempre foi traída. Pedro precisava aceitar esse limite da esposa. Precisava ajudá-la a ver pouco a pouco que sua conduta era diferente. Era necessário que ela tomasse consciência de que seu medo era infundado.

Katarina trazia para seu casamento uma ferida aberta e que precisava ser curada...

> Uma relação mal vivida com os seus pais e irmãos, que nunca foi curada, reaparece e danifica a vida conjugal. Então é preciso fazer um percurso de libertação, que nunca se enfrentou. Quando a relação entre os cônjuges não funciona bem, antes de tomar decisões importantes, convém assegurar-se de que cada um tenha feito este caminho de cura da própria história. Isto exige que se reconheça a necessidade de ser curado, que se peça com insistência a graça de perdoar e perdoar-se, que se aceite ajuda, se procurem motivações positivas e se tente sempre de novo (*Amoris laetitia*, n. 240).

Se, para Pedro, era doloroso entender a desconfiança da esposa, para Katarina, igualmente, era muito difícil imaginar passar pela mesma situação que sua mãe. O marido precisou ter muita paciência para lidar com isso.

Hoje Katarina continua sentindo medo de que a história de seus pais se repita, mas, aos poucos, foi tomando consciência de que os fatos devem ser maiores que a memória, que o medo pode surgir, mas devemos estar atentos se sua causa é real ou ilusória.

Caráter, cultura, medo e o auxílio do cônjuge

Muitas pessoas que se divorciam dizem ter tentado de tudo. E não duvido de que tenham feito tudo o que podiam. Mas, talvez, nunca tenham tido a oportunidade de refletir sobre coisas tão fundamentais como essas que estão *debaixo* de tantos conflitos e sofrimentos.

Por que seu esposo ou esposa age, pensa, se comporta de determinada forma? Até aqui a leitura permitiu a observação de alguns aspectos que podem condicionar os relacionamentos, especialmente o relacionamento matrimonial. Conhecer esses elementos nos permite perceber que nossa relação com o outro pode ajudá-lo a superar suas dificuldades, a sair dos paradigmas que o prendem. O cônjuge, conforme diz a Escritura, é sempre um "auxiliar" do outro (cf. Gênesis 2,18), tem a missão de salvar, de libertar.

Nem sempre é simples como dizer: "Ele (ou ela) não quer, não entende, não muda". Muitas vezes, a pessoa não tem a bagagem necessária para fazer as mudanças de que precisa. No matrimônio, a comunhão não é apenas do amor e dos corpos, é também da história, da consciência e da liberdade.

Anote aí...

Tente fazer uma lista das principais características do caráter, da cultura e dos medos do seu cônjuge, e anote também as diferenças dele em relação a você. Em que você pode ajudá-lo? Em que ele ou ela pode lhe ajudar?

CÔNJUGE	EU
Caráter herdado dos pais	
_____	_____
_____	_____
_____	_____
Cultura	
_____	_____
_____	_____
_____	_____
Medo	
_____	_____
_____	_____
_____	_____

CAPÍTULO II

Você acha que seu cônjuge mudou demais?

A vida conjugal é sempre uma peregrinação em uma relação misteriosa e, muitas vezes, temos dificuldade de encarar esse mistério. Mas mistério não é ausência de sentido, não é exatamente um segredo ou algo que não possa ser conhecido. Como sempre aponta para Deus, ele indica uma realidade que nos supera e para a qual nosso entendimento e percepção são sempre insuficientes.

Os humildes conseguem peregrinar no mistério, seja no mistério de Deus, seja no mistério das realidades humanas. Quanto mais queremos dominar esse mistério, mais ele foge de nós... Frequentemente escuto algum cônjuge dizer: "Minha esposa mudou tanto!", ou: "Eu não reconheço mais o marido com quem casei".

A Sagrada Escritura tem uma explicação bastante simples para isso. As pessoas parecem mudar porque são sempre um mistério a ser mutuamente descoberto. As mudanças nem sempre significam que a pessoa está deixando de ser quem é, mas que talvez esteja descobrindo quem deve ser. Conforme o livro do Gênesis, Eva não viu Adão ser criado porque, quando isso aconteceu, ela ainda não existia. Adão também não viu Eva ser criada, porque Deus, antes de fazê-la, o colocou para dormir profundamente (cf. Gênesis 2,4b-25). Nenhum tem domínio sobre o projeto que Deus tem para o outro. Juntos deverão descobrir e descobrir-se. Já pensou nisso?!

No princípio não era assim

Ainda me recordo daquela tarde de chuva e do horário em que Nilson e Helen chegaram à igreja onde eu estava fazendo atendimento. Não esqueço o horário porque era aquele momento em que já estava pensando em *encerrar o expediente,* como costumo brincar: 16h45. Chovia bastante. Entraram e pediram para conversar comigo. Os dois juntos.

Logo que sentamos, Helen expôs com muita clareza e brevidade a situação. Simplesmente já não se suportavam mais. Conforme ela relatou, não havia mais *parceria* entre eles. Aos poucos foram percebendo que seus gostos e interesses *nunca* foram os mesmos. Helen se sentia desencorajada. Segundo ela, nada do que fazia parecia interessante para Nilson e, ao mesmo tempo, ficava irritada só de ouvir o barulho do portão da casa se abrir, porque sabia que ele estava entrando. Helen era professora, e Nilson, engenheiro. Ela era de humanidades, e ele de exatas... Duas pessoas completamente diferentes, não acha?

Eu os conhecia há bastante tempo. *Olhando de fora*, eles pareciam um casal bastante realizado. O filho mais velho, Diego, estava casado há dois anos e o mais novo, Dênis, fazia faculdade no interior de São Paulo. Nilson era engenheiro mecânico e trabalhava no setor de qualidade de uma empresa muito cobiçada por qualquer profissional da área. Helen era professora e, naquele período, tinha sido promovida ao cargo de diretora. O casal estava quase fazendo bodas de prata, ou seja, somente de casamento eram quase 25 anos, sem contar o tempo de namoro. Era nítido que parte do sofrimento deles nascia da necessidade, nessa etapa da vida, de reorganizar a vida sem precisar colocar os filhos em primeiro lugar. Eu sabia que haviam se sacrificado muito para dar boas condições de vida aos filhos, mas com isso se esqueceram de olhar para si mesmos. Fizeram dos filhos o único eixo de suas vidas, e esse eixo agora não necessitava mais do impulsionamento deles, que não sabiam mais como agir como casal.

Quando tive a oportunidade de falar, comecei dizendo: "Sempre tenho desconfiança das ideias claras e distintas... Quando as pessoas expõem com clareza a situação de suas vidas, assim como um cirurgião faz, quando vai cortando camada por camada de pele, contornando órgãos etc., sempre imagino que tem um mundo de sentimentos e ressentimentos sendo sufocado... Outro dia, se me derem chance, voltaremos a isso... Hoje, faço a vocês esta pergunta: como foi o começo do namoro de vocês? Contem-me sobre como se sentiam sendo tão diferentes no princípio. Do que se lembram?".

Nilson até então estava sentado na beira da cadeira, inclinado para a frente, como se estivesse com pressa. Nesse momento, acomodou-se melhor, encostando-se como que surpreso. Helen, que até o momento tinha falado com muita clareza e feito uso da devida pontuação, como boa professora que era, ficou em silêncio.

Eu sabia como tudo tinha ocorrido. Pelo menos, uma boa parte. Nilson e Helen se conheceram aos dezesseis anos. Ele era ajudante em uma oficina mecânica, e Helen cuidava da sua sobrinha. Começaram a namorar logo.

Às vésperas do casamento do Diego, tomando um lanche com a família, eles me confidenciaram sobre as vezes em que saíam, pois, o dinheiro era tão pouco que, se fossem ao cinema, o lanche seria somente um sorvete que os dois dividiam entre si. Era romântico, sim, como Nilson dizia, mas isso acontecia porque o orçamento era curto. Helen, nessa mesma ocasião, contou que certa vez os dois saíram e devolveram troco a menos para o Nilson, o que fez com que faltasse dinheiro para a passagem de um deles. Não era uma grande distância do passeio até a casa, mas ela não quis voltar de ônibus sozinha sem ele. Enquanto caminhavam, choveu muito. Como naquela tarde também chovia.

Por alguns segundos, no olhar deles, li essas recordações e imagino quantas outras eles vislumbraram diante de si mesmos. Namoraram cinco anos. E, quando se casaram, Helen estava já concluindo sua formação em Pedagogia e, ao Nilson, ainda faltava um belo período até a pós-graduação. A festa de casamento foi organizada por amigos muito próximos, com um belo churrasco no estilo *cada um traz um pouco de carne e a bebida*. A lua de mel do casal se deu em uma casa de praia emprestada por um familiar e, para lá, foram de ônibus... Essa história eles sempre repetiam, quando os jovens diziam que não casavam porque não tinham dinheiro para a festa.

Já ia dando o horário de encerrar o expediente, e vi que naquele momento Deus tinha soprado alguma coisa no coração deles. Eu não poderia atrapalhar. Pedi que fossem diante do sacrário e rezassem, antes de a igreja ser fechada, e que voltassem outro dia para prosseguirmos com a conversa. Iríamos conversar sobre *como foi no princípio*.

Mudanças que acontecem

Alguns amigos brincam que me arrisco muito nos tratamentos de choque, como esse que apliquei ao casal, confrontando a queixa com as memórias. Há momentos em que faço uma pergunta ou lanço uma frase desconcertante para a pessoa. Mas pouquíssimas vezes me arrependi de ter feito isso. Essa também não foi uma ocasião da qual me arrependi. Na semana seguinte, o casal retornou. O semblante de ambos estava menos pesado dessa vez.

Nessa oportunidade, Nilson falou um pouco mais. Ele disse que lembrar-se do começo dava uma sensação de choque, pois não pareciam mais ser as mesmas pessoas. Ele sentia que a esposa havia mudado muito. Falava, com brilho nos olhos, da Helen nos inícios do namoro e do casamento. Da delicadeza com que se reencontravam no final do dia, das comemorações com o arroz e feijão de sempre ou a pizza de supermercado no final de semana. Naquele período, estavam pagando um apartamento de dois quartos. Tudo que ganhavam era destinado a essas metas: quitar o apartamento e concluir os estudos. Não faziam nada sem conversar ou planejar juntos.

Nilson sentia que, ao longo dos anos, ao mesmo tempo que as condições econômicas melhoravam, os dois foram perdendo a parceria. Helen foi ficando *independente*. Na verdade, como já disse, a esposa sempre trabalhou. A diferença é que, aos poucos, o dinheiro deles já não era tão curto como antes, de forma a terem que planejar juntos tudo que fossem fazer. Podiam tomar algumas decisões individualmente, sem comprometer as metas maiores que tinham.

Quando Helen tomou a palavra, e meu medo era que ali começasse um desentendimento mais severo, ela disse: "Não é que fui ficando mais independente. É que via que não era fácil para ele ter que prosseguir com os estudos e dar conta das responsabilidades, quando passou para a firma onde está até hoje. Eu realmente decidi muitas coisas sozinha, mas não é porque não contava com ele, e sim por ele precisar estar com a cabeça mais livre. A nossa primeira briga, tenho certeza de que ele vai se lembrar, foi por causa de uma bendita geladeira. Quando o Dênis estava com dois anos, em um dia de dezembro, houve uma chuva pela manhã e um raio fez com que a geladeira queimasse. Nilson saía bem cedo, trabalhava um período na manhã, à tarde fazia cursos de pós-graduação e completava o turno à noite. Chegava tão tarde e cansado, que conversávamos praticamente apenas no final de semana. Naquele dia, agendei para a hora do meu almoço a visita de um técnico para avaliar o estrago: consertar sairia quase o valor de comprar uma nova... No fim da tarde, fui à loja e comprei uma nova. No dia seguinte, entregaram a geladeira. À noite, quando ele chegou e viu a geladeira, eu estava dormindo. Ele me acordou para saber o que tinha acontecido. Nunca me acordou para dizer que estava com saudade ou qualquer coisa do tipo, mas o fez naquele dia para dizer que eu não tinha direito de escolher uma geladeira sem ele...".

Nos olhos de Nilson havia uma mistura de mágoa e vergonha. Mágoa porque Helen, teoricamente, tinha quebrado um pacto de parceria. Sempre faziam tudo juntos, contavam moedas, e tinham um mesmo caderno de anotações e planejamentos. Mas ele se sentia também envergonhado porque, como ela tinha dito, nunca pensou em interromper o sono dela para dizer que a amava. Quando o fez, foi para conversar sobre algo que hoje, realmente, percebe como irrelevante.

Aconselhar casais muitas vezes pode parecer uma missão impossível para um padre, porque, como alguns pensam, ele não tem parâmetros para compreender essas experiências. Como poderia o padre, que vive sozinho, compreender, sentir, discernir e orientar sobre os problemas da vida a dois? Não sei como responder a essa questão. Mas, diante dos casos mais difíceis, sempre me recordei daquela frase de Jesus, em que ele dizia que seríamos colocados diante das autoridades, mas não deveríamos planejar o que dizer porque o próprio Espírito Santo nos daria palavras tão acertadas que nossos inimigos não poderiam rebater (cf. Lucas 21,15). Sempre penso: não estou diante de inimigos, mas diante de pessoas que o buscam. "Senhor, me dê aquelas palavras acertadas...".

Fidelidade exige mudanças

Quando retomei a conversa, disse para eles: "Às vezes, para permanecerem na fidelidade, os dois não podem continuar fazendo as mesmas coisas e do mesmo modo".[1] Helen baixou os olhos e Nilson parecia não respirar. Prossegui dizendo que provavelmente muito do muro que eles foram criando entre si veio desse momento. A vivência da parceria, que ele tanto reclamava como essencial, poderia ser pensada de várias maneiras.

No começo, a vivência da parceria tinha a ver com fazer tudo junto, contar e calcular... Mas era o início. Com o tempo, a sintonia dos dois era tal, que Helen conseguia intuir que tipo de geladeira, custo e condições de pagamento seria o mais correto para eles. E, querendo poupar o pouco de tempo que Nilson tinha, *para continuar sendo parceira, agiu de forma diferente.* Helen não esboçou ar de quem tinha vencido, mas de quem estava aliviada. Talvez, em sua consciência, questionava-se se não teria realmente rompido o pacto sagrado entre pessoas que se amam: ser um com o outro e ser um pelo outro.

Estavam naquele momento colocando diante de si um momento difícil da vida deles, trazendo à lembrança, mais do que uma recordação, um momento de ruptura. Uma ruptura simbólica, causa de tantas outras que se seguiram depois.

Em momentos como esse, algo parece desabar. Depois desse episódio da geladeira, ambos começaram a construir um muro sobre um alicerce. O muro de Nilson tinha a ver com sentir-se traído por Helen não ter sido parceira, agindo sem ele... Quantas coisas não vieram depois disso? Quantas vezes Nilson não quis também pagar com a mesma moeda? Quantas pequenas ou grandes decisões foram tomadas sem ela, para demonstrar que ele também sabia *feri-la.*

---

[1] O Papa Francisco dedica os nn. 163 a 164 da exortação *Amoris laetitia* para falar da transformação do amor. Assim como muitos aspectos do corpo e da aparência se modificam, também o amor saberá organizar-se no espaço das decisões e liberdade. Mas ele insiste que isso não ocorre sem clamar e abrir-se ao Espírito Santo.

O muro de Helen era o da decepção. Será que Nilson não era capaz de ver quanta *barra* ela estava segurando sozinha, sem ele? Quantas outras decisões teve de tomar, para que ele, naquele período, tivesse mais tranquilidade nos seus estudos e no novo trabalho que começava.

A partir de agora, esse muro começava a se desmanchar. Não foi ruptura com a parceria, mas foi desdobramento ou aprofundamento dessa parceria. Como olhar agora para tudo o que se passou entre eles? Como desconstruir esse muro e dispensar cada uma das pedras que foram usadas nessa obstrução triste entre o casal?

Eles precisavam de mais um momento de reflexão no decorrer dos próximos dias. Um momento para olhar e avaliar a altura desse muro de separação que foi sendo construído. Olhar o peso de cada uma dessas pedras, perceber como, dia após dia, foram se tornando estranhos um ao outro. Muitas coisas da parceria se mantiveram por causa dos filhos, mas aquela parceria *do princípio* tinha sido ferida. Agora, sem os filhos, as feridas latejavam e, assim, se acentuava o estranhamento entre eles.

Anote aí...

Propus a eles uma tarefa para a conversa seguinte, que partilho agora com vocês: conseguem lembrar momentos em que cada um tomou uma decisão, como se estivesse rompendo a parceria que existia entre os dois? Conseguem separar a intenção do ato da interpretação que cada um fez?

_____
_____
_____
_____
_____
_____

CAPÍTULO III

Por que brigamos tanto?

Nem sempre as palavras evocam as mesmas realidades. Por exemplo, quando penso em *pão caseiro,* sempre vem à minha mente minha mãe fazendo pão e eu e meus irmãos aguardando ansiosos por vê-lo sair do forno, para comer com a manteiga derretendo, ainda que minha mãe alertasse que comer pão quente causaria dor de barriga. Um amigo meu já não sentia tanta alegria quando sua mãe fazia pão. Ela nunca acertava a massa, o pão ficava ruim, e ele e seus irmãos eram obrigados a comer até que tudo acabasse. Pão caseiro, para mim, evoca festa, alegria e vontade de um pouco mais. Para meu amigo, evoca tensão e chateação.

A mesma coisa acontece quando falamos de brigas no casamento. Você pode pensar nas discussões e nos desentendimentos cheios de mágoas e raiva, na vontade de desistir de tudo, ou, também, em momentos que trouxeram a você e seu cônjuge mais clareza sobre pontos a serem melhorados. Brigas no casamento são comuns. Mas a interpretação sobre essas brigas, as reações e consequências acabam sendo muito variadas.

De onde nascem as brigas? Do que elas se alimentam? Aonde elas nos levam? Como superá-las? São perguntas típicas de algum programa de TV sobre terror... Mas refletir sobre elas pode nos ajudar a compreender muita coisa em relação aos conflitos vividos no interior de nossas famílias, especialmente entre os casais.

Se até o crime é organizado...

As brigas nascem das situações desorganizadas entre o casal. Lembra que cada cônjuge traz, da casa de seus pais, *caráter, cultura* e *medos* muito particulares? Se cada um possui gênio, costumes, ideias e história tão pessoais, como esperar que a convivência seja simples?! Certamente não será simples, e é importante que isso seja dito.

Do namoro ao casamento, o percurso ajuda *sim* a conhecer muito um do outro, inclusive na tomada de decisão de se unirem. Mas é um conhecimento relativamente superficial. Não uso a palavra superficial em sentido negativo, mas apenas para dizer que somente a experiência das provas do dia a dia ajudarão um a conhecer o outro.

Um casal poder adquirir muito conhecimento um do outro durante o período de namoro, com suas alegrias e dificuldades, mas é somente na vivência diária que podem enxergar melhor e *organizar* essas coisas que vão sendo conhecidas.

Como é costume dizer às pessoas: "Se até o crime é organizado, como não ordenaremos nossa vida, nossa espiritualidade?!". Muitas vezes, na vida de um casal, as constantes e mesmo graves brigas e discussões acontecem não por *falta de amor*, mas por *falta de organização*. O casal tem que aprender a se organizar para enfrentar as dificuldades que vão surgindo. Não é possível acreditar que basta irritar-se, esbravejar ou xingar que as coisas vão se ajeitar. De jeito nenhum!

A briga é o ponto final de um trajeto muito específico. Às vezes – me perdoem – eu me divirto ouvindo a narrativa do ritual das brigas... Sim, há brigas que não passam de um ritual. É como uma piada que todo mundo sabe como termina, mas faz questão de narrar inteirinha.

Quantas brigas não são verdadeiros rituais? Um sabe que tal coisa irritará o outro... Mesmo assim, olha lá um dos cônjuges fazendo. Deu o primeiro passo. É uma atitude de que o outro não gosta, é a lembrança de um problema que deveria já estar superado ou a ironia sobre algo de que não se deveria debochar. Pronto: eis a briga!

Percebe que você e seu cônjuge têm um ritual próprio de briga e desentendimento? Consegue notar os assuntos e atitudes que levam vocês dois a brigarem? Consegue compreender que poderiam não seguir por esse caminho, mas mesmo assim o fazem?

Muitos casais não se dão conta disso. Brigam porque não aprenderam a organizar o diálogo entre si. Gritam. Xingam. Esbravejam... Mas não se escutam. Vou repetir: NÃO SE ESCUTAM! A melhor maneira de dialogar é escutar; é a condição mais importante do diálogo. Mas toda briga tem sempre como alimento o fechar-se ao outro.

Há um tipo de diálogo entre o casal que deve ser parecido com a relação conjugal. Não pode ser realizado em qualquer momento, na frente de outras pessoas e sem uma preparação adequada... Quantas vezes presenciamos brigas entre casais, em que ninguém sabe como reagir ou como ajudar. Por que isso? Porque o tal diálogo está acontecendo de maneira desorganizada, especialmente na hora errada.

Tudo isso funciona como um vício. A pessoa sente que o vício lhe faz mal. A pessoa sabe que esse vício prejudica sua vida... Mas não consegue romper esse círculo vicioso. A cada situação, o sofrimento aumenta.

Evandro e Cássia
e seus vícios no matrimônio

O caso mais curioso que acompanhei nestes anos, de um casal *desorganizado* no amor, foi o de Evandro e Cássia. Casaram às pressas, por causa da gravidez de Cássia. A filha, Bianca, tinha quase a mesma idade do casamento... já uns sete anos.

Evandro trabalhava muito como motorista, com horários e turnos extenuantes. Homem honesto, trabalhador, caseiro e muito devotado à própria família. Seus horários e itinerários eram bem conhecidos por Cássia. Ela fazia bolos, doces e salgados por encomenda e, assim, contribuía com o término da construção da casa. Eram duas pessoas incrivelmente dedicadas à família, mas o casal que mais vi brigar nesse tempo todo... Ainda brigam, infelizmente.

Neles dois nunca vi falta de amor e dedicação, mas imagine um casal desorganizado no diálogo e em vários aspectos da vida conjugal. Sofrem por causa de vários vícios que adquiriram ao longo do tempo de convivência. Sofrem, mas parecem não conseguir largar esses vícios. Não estou falando de drogas ilícitas, mas do modo habitual de se relacionarem.

Dos vários vícios que percebi que os prejudicam, posso enumerar e narrar ao menos três. O primeiro é o vício de *ridicularizar o outro*. Não sei quando começaram isso. Talvez ainda no tempo do namoro. Sabe aquele costume esquisito que algumas pessoas têm de fazer piada com os outros, para se sentirem melhores? Sabe aquela coisa de "tirar onda" e humilhar o outro para sentir que está por cima? É uma atitude vergonhosa, em qualquer forma de relacionamento, mais ainda quando se trata de marido e mulher.

Recordo a vez em que estávamos em uma confraternização de comunidade e eles chegaram um pouco tarde. O carro havia quebrado. Tinha escapado alguma peça da Brasília e precisaram parar para consertar. Quando chegaram, demonstrando cansaço, Cássia não se conteve em dizer que o carro havia quebrado. Ainda acrescentou: "Lata velha é lata velha, não adianta. Quem mandou eu casar com um motorista e não com o dono da Volkswagen". Alguns riram, porque não fazer isso era levar a sério algo bastante humilhante. Por pior que fosse o carro, era o carro deles, não somente do Evandro.

Mas, sem problemas, Evandro rapidinho emendou: "Casar com o dono da Volks como, se rapidinho ficou grávida de mim?!". Um diálogo que não era diálogo, diante de pessoas que não deviam estar presenciando nada daquilo. Poderia enumerar muitos outros episódios, mas creio que esse mostra bem como é esse vício terrível de humilhar, desfazer ou ridicularizar o outro.

A própria resposta de Evandro também ilustra um segundo vício muito complicado na vida de um casal: *a competição*. Há casais que fazem disputas entre si. Competem sobre quem tem a melhor família e, por isso, terminam sempre falando mal da família um do outro. Competem sobre quem manda mais em casa. Competem sobre quem consegue ser mais grosseiro com o outro.

Já ocorreu com você e seu cônjuge algo desse tipo? Vale a pena um ficar medindo forças com o outro? A verdade é a seguinte: se nessa competição um ganhar, *os dois sairão perdendo...* Qualquer forma de competição entre amigos ou irmãos já é complicada, porque traz inúmeros problemas para a convivência, imagine entre marido e mulher?!

Talvez devessem competir para ver quem procura primeiro se reconciliar com outro. Deveriam competir para ver quem tem mais paciência ou para ver quem consegue ser mais tolerante com a família do outro. Esse tipo de competição talvez fosse mais saudável.

Evandro e Cássia ainda tinham outro vício bastante perigoso na vida de casal: *desabafavam com qualquer pessoa*. Pessoas que conviviam com eles lamentavam esse fato. Evandro muitas vezes chegava bravo à empresa. Enquanto esperava o horário de começar a trabalhar, relatava, contava e detalhava as brigas, bem como os motivos dessas brigas. Cássia fazia o mesmo. Ao mesmo tempo que anotava um pedido ou fazia uma entrega, lá estava ela contando para os outros o ocorrido.

Uma vez em que eu estava na casa deles, jantando, começaram uma briga... Como sempre. Em certo momento, Evandro me lança uma pergunta: "Olha, padre, o senhor está vendo o que passo com essa mulher?!". Cássia, um pouco irônica, ainda disse: "Não é nem metade do que ele merece, padre!". Eu perguntei se eles queriam conselho ou apenas me constranger, como frequentemente faziam com as outras pessoas.

Achei que perderia a sobremesa, mas não. Vi que eles ficaram um pouco assustados com minha reação e que queriam algum conselho. Eles não percebiam que aquelas brigas não eram naturais, mas vícios que criaram entre eles. Nem sempre foi assim... Como todo vício, um dia se começa, outro dia se repete e com o tempo se perde a noção de como parar.

Aconselhei-os a tomarem consciência do quanto faziam mal a eles mesmos tendo essas DRs (discutir a relação) na frente das pessoas. Talvez ninguém tenha pensado em falar a eles antes o quanto isso era ruim. Talvez muitos se divertissem com aquela cena que sempre se repetia.

Desabafar é algo a ser feito somente com uma ou, no máximo, duas pessoas. Quando se sente necessidade de desabafar com todo mundo, é porque há algo errado. A vida de um casal, suas alegrias e dificuldades, merecem tanta dignidade quanto sua relação carnal. Não é um espetáculo para todos verem. Suas discussões devem ser preparadas, vividas com muita serenidade, sem um querer atacar o outro...

Quantas diferenças entre marido e mulher, quantas coisas vão sendo percebidas ao longo dos anos... Somente um bom diálogo para organizar essas diferenças.

Quais remédios para esses vícios?

Os vícios somente podem ser vencidos pelas virtudes. A palavra "virtude" é interessante porque indica a atitude do homem maduro, não do imaturo. Vício é coisa de quem ainda não amadureceu, de quem ainda não aprendeu com a vida. Virtude, por sua vez, é fruto da maturidade, é quando se aprende a parar de insistir em algo que está errado.

Quais virtudes ou atitudes podem ajudar um casal a superar suas brigas? Naquele jantar na casa do Evandro e da Cássia, procurei orientá-los a inserirem na rotina deles essas três atitudes, que chamaria de "remédios" contra os vícios que os faziam sofrer.

A primeira virtude é a do *agradecimento*. A pessoa grata é aquela que aprendeu a abraçar o que alcançou, a vida que tem, a situação em que está. A gratidão é o ponto de partida para qualquer mudança de vida. Quem não é grato não sabe onde pisa, não conhece seu próprio mundo. A pessoa grata concentra seu olhar no que tem, naquilo que está a seu alcance, e não naquilo que lhe escapa.[1] Quem não sabe ser grato, vive iludido com aquilo que não lhe pertence e que, talvez, de verdade, nunca lhe faria falta.

Enquanto explicava isso, pedi que os dois, em um momento mais adequado, pensassem no quanto poderiam ser gratos um ao outro. Perguntei se eram capazes de fazer uma lista dos motivos pelos quais poderiam agradecer a Deus por aquilo que encontraram um no outro. Senti, naquela noite, que eles brigavam justamente por falta de organizar alguns aspectos das suas vidas. Talvez, por falta de treinar o espírito de gratidão, estavam sempre olhando para o que faltava, o que estava fora do alcance deles.

A segunda virtude que os instruí a procurarem viver é a de *aliviar os fardos* um do outro (cf. Gálatas 6,2). É a competição ao contrário... O que cada um poderia fazer para que a vida do outro fosse menos pesada? Eu estava diante de um casal que trabalhava muito, que se esforçava muito e fazia muitos sacrifícios, mas que desperdiçava o pouco tempo compartilhado se prejudicando.

Quando um casal leva isso a sério, muita coisa muda. Brigas por situações de organização da casa ou dos gastos não

---

[1] Exemplo típico dessa atitude é a narrativa da primeira multiplicação dos pães em Marcos 6,35-42: Deus faz o milagre com o que lhe apresentamos.

têm mais sentido. Brigas que nascem do ritual da briga, que são como que encenadas e executadas todos os dias, perdem a razão de ser. Aliviar os fardos um do outro significa perguntar-se: "O que posso fazer pelo meu esposo/pela minha esposa para que sua vida seja mais leve?".

A terceira virtude consiste em *tomar a iniciativa*. Aqui é o ponto da gratuidade. Nenhum relacionamento vai para a frente enquanto há muito cálculo, muita troca. Não basta dizer que o outro não se mexe. Não se deve viver esperando que o outro tente, não se deve viver esperando que o outro comece. Alguém precisa quebrar esse círculo vicioso: "Se não fizer, eu também não faço".

Quando falava dessa terceira virtude, vi neles dois um ar de espanto. Talvez muitas vezes tenham discutido na frente dos outros e nunca tenham percebido o quanto tudo se agravava.

Não vou dizer que eles venceram de uma vez por todas esses vícios, pois, como disse, eles se instalam e ficam por força das repetições, mas, até onde pude ver, percebi uma grande mudança. Aliás, quando eles fizeram o *Encontro de Casais com Cristo*, puderam dar um salto de qualidade no relacionamento. Aprenderam muita coisa sobre a construção de uma boa convivência entre o casal.

Nossos comportamentos ou se alimentam de boas atitudes, as virtudes (coisa de gente madura na vida), ou se alimentam de atitudes ruins, os vícios (coisa de gente imatura). Você percebe no seu relacionamento algum vício? Imagina que alguma dessas virtudes traria algum benefício para sua vida conjugal? Que tal refletir sobre vícios e virtudes no seu casamento?

Anote aí...

Quais vícios você sente que estão presentes no seu casamento? Consegue identificar um ritual de brigas? Qual?

_____

_____

Como você poderia expressar essas virtudes com o seu cônjuge? Quais benefícios elas poderiam trazer para o seu relacionamento?

- Gratidão:

_____

_____

_____

- Aliviar os fardos do meu esposo/da minha esposa:

_____

_____

_____

- Tomar a iniciativa:

_____

_____

_____

CAPÍTULO IV

Quem nos influencia?

Certa vez, um casal muito bem-humorado disse que se ressentia de que na Bíblia não houvesse exatamente um código de ética da vida familiar, pois seria mais fácil seguir normas do que ter que descobrir um caminho a percorrer. Em parte, o casal tem razão, a Palavra de Deus é o testemunho de como tantas pessoas, graças a sua fé, foram descobrindo uma maneira adequada de viver sua vida como um grande chamado do Senhor. Por outro lado, a Palavra de Deus tem sim ensinamentos muito preciosos. Se um casal alimentar sua vida diária da *escuta atenta* da Palavra, ficará vacinado para enfrentar muitos vírus e bactérias que podem causar sérios problemas na vida conjugal.

Vivemos em ambientes que nem sempre são favoráveis e sadios para a vida familiar. Convivemos com muitas pessoas cuja experiência de vida pode trazer influência positiva ou negativa a nosso modo de pensar. Muitos casais entram em desacordo porque não percebem que agem sob influência de outras pessoas. E pouco a pouco deixam entrar em sua cabeça ideias e pensamentos nada saudáveis, como quando alguém se infecta com um vírus.

Colocar-se diante de Deus na oração e na *escuta atenta* da Palavra é o melhor remédio para vencer os vírus e bactérias das influências perigosas. Quantos casais chegam ao divórcio, achando que não se amam, que não têm mais razão para continuarem juntos e acabam se separando. Quando estão distantes a mudança de rotina e de pessoas com quem convivem permite que enxerguem melhor a importância que um tinha para o outro e começam a repensar. Às vezes, a separação faz com que se deem conta das más influências que recebiam.

Coração confuso, decisões desastrosas

Quando estudamos Filosofia, aprendemos a tomar distância das nossas opiniões e pensamentos e a nos questionar: "Por que penso assim? O que ou quem me faz pensar dessa forma?", são duas perguntas simples, mas que podem fazer uma diferença enorme na vida de um casal, de uma família.

Aquele conselho, "siga seu coração", é sempre válido se o coração está em paz e sereno. Se está confuso e desorganizado, seguir o que ele pede pode ser desastroso. Já vi muitos casos desse tipo. Sobre o cuidado com *o que diz nosso coração*, o Papa Francisco esclarece que é necessário fazer silêncio para escutar e saber distinguir entre o que o coração diz e o barulho de ruídos e outras interferências.

No mundo da Bíblia, coração significa o centro das decisões da pessoa, como uma espécie de bússola que lhe indica o caminho a seguir. Mas uma bússola também pode estar desajustada, aí a caminhada vai ser muito arriscada.

Quando alguém é capaz de refletir sobre o que tem no seu coração, fica mais fácil tomar consciência de que muitas vezes há pessoas e situações influenciando negativamente nossos pensamentos, sentimentos e escolhas. No sofrimento do casal Cláudio e Sandra, vi isso de maneira muito clara.

Cláudio e Sandra tinham quatro anos de casados e um filho de dois anos, o João. Foi quando se separaram que tomaram consciência do quanto se amavam e também do quanto se deixavam levar pela influência de outras pessoas. Será que isso acontece no seu casamento? Já aconteceu? É sempre um risco, não é mesmo?

Quando se separaram, foi muito difícil tentar ajudar porque não tinha acontecido, realmente, nada demais entre eles. Mas não havia explicação de por que brigavam tanto. Não houve traição ou algo de gravidade semelhante. Eles simplesmente não se entendiam. Havia, como no caso de Nilson e Helen, um muro enorme entre os dois. Ficaram separados por quase um ano e, longe um do outro, viram o tamanho da barreira.

Quando se deram conta de que seguiram um *coração confuso*, demorou para que conseguissem acalmar os ânimos. Os casais, quando brigam, muitas vezes não medem as palavras, levantam suspeitas um contra o outro, causam muita mágoa ou relembram problemas muito antigos e que deveriam estar superados.

Sandra mesma me relatou, depois da reconciliação, que se envergonhava das coisas que tinha dito a Cláudio no período das brigas e da separação. Ele era professor da rede estadual, tinha um salário fixo, com poucas perspectivas de alguma forma de crescimento naquela época. Ela relata que o humilhou muito. Palavras podem ser como pedras: constroem ou machucam.

Mas Cláudio não ficou para trás na troca de ofensas. Acusava Sandra de não ser uma esposa dedicada. Colocava defeito em tudo que ela fazia. Aliás, quando ela fazia algo, ele menosprezava e sempre destacava o que ela não fazia.

Durante a separação, havia semanalmente uma cena triste. Ainda que estivessem morando longe, eles iam à missa na minha paróquia, cada um ficava em uma extremidade da igreja e o filhinho, João, revezava-se indo de um lado para o outro. Eu os observava, via o menino e pedia que Deus os ajudasse a vencer os problemas que os estavam separando.

Quem se alegra com sua infelicidade?
Os riscos da inveja não identificada

Sempre atribuí à graça de Deus a tomada de consciência que o casal pode fazer. Na distância, Sandra e Cláudio começaram a perceber que algumas vozes frequentes haviam se calado. De onde vinha a insatisfação da esposa com a profissão do marido? O que levava o marido a sempre menosprezar a esposa? Aos poucos, eles perceberam que certos pensamentos e sentimentos não surgiam *do nada*, mas de algumas influências que passavam despercebidas.

A inveja é um pecado capital. Conforme a Teologia Moral, isso significa que é um pecado capaz de encabeçar, juntar e despertar outros pecados. A inveja tem dois rostos. Um deles é bem conhecido: é a tristeza pela alegria dos outros. Mas há outro rosto menos conhecido: a alegria pela tristeza dos outros. A inveja é sempre uma atitude de egoísmo, de incapacidade de voltar-se ao outro.

Deveríamos aprender que a inveja está mais presente do que imaginamos. Na verdade, somos cuidadosos com a questão da inveja. Evitamos, por prudência, sair contando nossas conquistas porque ficamos preocupados com isso. Mas muitas vezes não nos damos conta de que nossos desabafos podem alimentar a inveja de muita gente. Isso era algo que provocava estragos na vida desse casal.

Cláudio tem uma irmã mais velha, a Silmara, e eles são muito próximos. Na verdade, ela e seu ex-marido foram padrinhos de Batismo do João. O casamento dela não deu certo. Ela sofreu com muitas traições perdoadas e, mesmo assim, seu marido partiu. Houve períodos em que se percebia o desespero dela para tentar *segurar* o marido. Pode-se dizer que ela *fazia tudo pelo marido*.

É nesse aspecto que se instalou, no relacionamento entre Silmara e seu irmão, uma relação de inveja. Sem perceber, ela se alegrava com o sofrimento do irmão. Provavelmente, em algum momento da caminhada, Cláudio tenha reclamado de alguma insatisfação com a esposa. Imagine a situação de alguma mãe de primeira viagem que tem dificuldade em equilibrar os cuidados com o filho pequeno, as tarefas da casa e o amor do marido?

Silmara se via como *alguém que fazia tudo pelo marido,* e começou, conscientemente ou não, a alimentar em seu irmão a ideia de que Sandra não o tratava como merecia. Pronto. Eis um vírus poderoso para destruir uma relação. Muitos relacionamentos não são destruídos por alguma mentira, mas por algum tipo de suspeita.

Uma mentira pode ser desmentida, desmascarada. Mas uma suspeita... Ai, meu Deus! Quantos casamentos em crise por causa de suspeitas instaladas no coração dos cônjuges. O modo como Silmara analisava sua cunhada, como alguém que não fazia pelo seu irmão tudo que ele merecia, aumentava o descontentamento de Cláudio.

Imagine os diálogos em que os casais eram comparados por Silmara: "Olha tudo o que fiz por Francisco, e, mesmo assim, veja o que aconteceu? Imagine se eu fosse como a Sandra... Francisco fazia o que fazia comigo, mas mesmo assim eu estava ali do lado dele, pronta para ajudá-lo. Você é tão bom e a Sandra age desse modo com você!". Intriga semeada com sucesso!

No período em que se separaram, Cláudio foi dividir um apartamento com um amigo. Longe da família, apenas ocasionalmente conversando com a irmã, aos poucos o vírus foi morrendo e a doença da suspeita foi sendo curada. Conseguia se lembrar com mais nitidez das vezes em que se encontrava com Sandra completamente exausta, mas tentando deixar as encomendas e os cuidados com o filho em ordem.

Algo parecido acontecia com Sandra. Sua irmã Nice era casada com Elias, gerente de uma rede de lojas. Obviamente o padrão de vida de Nice e Elias era superior ao de Cláudio e Sandra. Em algum momento de desabafo, Sandra talvez tenha despertado na sua irmã uma forma de inveja: a alegrou com seu sofrimento.

Sem perceber, todas as vezes que Sandra desabafava com sua irmã sobre as dificuldades financeiras que enfrentava, conscientemente ou não, Nice se alegrava com o sofrimento dela. Era fácil comparar a vida de uma família sustentada pelo salário de um professor com a de um casal que vive com o salário de um gerente de rede de lojas, com suas gratificações extras... Com base nisso, Cláudio era chamado de acomodado. Isso explica bem a insatisfação que Sandra nutria em relação a seu marido.

Quantas pessoas saem por aí desabafando sobre seus problemas e encontram numerosos ouvidos para acolher, mas que, em vez de remédio, oferecem veneno. Às vezes, até acham que estão ajudando, *abrindo os olhos* do amigo ou da amiga, mas, na verdade, terminam inflamando mais a situação. Algo parecido já aconteceu com você? Já tomou consciência de alguma influência negativa de outras pessoas no seu relacionamento conjugal? Demorou para identificar essa situação?

Assim que essas vozes se calaram, tanto Cláudio como Sandra perceberam que muitas vezes não se viam de maneira nítida, pois tudo era distorcido pela influência de pessoas que, apesar de tudo, lhes queriam bem!

Imagine o perigo que é sair contando os problemas do dia a dia para qualquer pessoa e em qualquer ambiente? Se familiares podem nos influenciar negativamente, mesmo querendo o nosso bem, que dirá o desabafo com desconhecidos...

Onde está a cobiça, aí está a insatisfação

Merece ainda consideração algo que está no campo da inveja e que pode causar grandes estragos na vida de um casal: a cobiça. A cobiça ou o desejo fazem parte do ser humano. Muitas vezes almeja-se algo parecido com o que se vê que os outros têm ou estão vivendo. É compreensível desejar ter e usufruir o mesmo que os outros. O problema nasce quando se perde o controle.

Tudo o que somos e possuímos têm uma história. Excetuando-se alguém que ganhou na loteria, ninguém obtém patrimônio algum sem luta e sacrifício. Quantos casais evitaram festas, passeios e atividades com familiares e amigos para ficarem em dia com suas dívidas, para realizarem o projeto de concluir os estudos, sair do aluguel ou aumentar a casa. Para a grande maioria das pessoas, a vida é assim.

Um problema de nossa época é que vivemos em uma cultura do desejo e da ostentação. E muitas pessoas não percebem que cada conquista supõe uma grande luta. Somos muito mais incentivados a correr atrás do que não temos do que a nos alegrar com o que conquistamos. Como já vimos anteriormente, quem não sabe ser grato vive sofrendo pelo que lhe falta.

Anote aí...

Você já se percebeu influenciado negativamente por outras pessoas, a ponto de ter dificuldade na relação a dois? Houve excesso de comparações ou competições com casais amigos? Conhece algum casal em que esse tipo de situação tenha acontecido? A que ponto chegaram?

___
___
___
___
___
___
___

CAPÍTULO V

Existe vida após o adultério?

Entrar no assunto da traição ou do adultério é tão difícil e delicado, que somente podemos fazer isso se o casal nos pede... Não tenho vergonha de, neste momento em que escrevo, parar e rezar. Não é possível encontrar um caminho para refletir sobre o que pode vir depois de uma traição, se não for por meio da oração.

Quanto sofrimento decorre de um relacionamento ferido pela traição. Quantos riscos uma família pode correr por causa de um adultério. É questão de vida ou morte, de recomeço ou fim. É um momento em que a pessoa se encontra diante de um impasse: é possível prosseguir, depois de uma traição?

"Eu te prometo ser fiel, te amar e te respeitar, na alegria e na tristeza, na saúde e na doença, todos os dias de nossa vida." Os cônjuges trocam entre si essa promessa. Todo o caminho que percorreram até aquele momento, diante do altar, deveria tê-los preparado para fazer essa promessa em condições razoáveis de vivê-la. Deveriam conhecer bem suas fraquezas e limites, sua liberdade e seus condicionamentos, tendo muito claro diante dos olhos *o significado de um amor exclusivo*. Mas nem sempre eles têm essa clareza.

Depois de tão sublime promessa, encontramos, algumas vezes, medo e mesquinhez, egoísmo e indiferença. Quem já passou por uma crise em seu relacionamento por causa de uma traição, sabe como é difícil explicar o que está em jogo.

As múltiplas feridas contra a fidelidade

Na promessa feita no dia do casamento, os noivos se comprometeram com uma exclusividade que vai além da conjunção carnal com uma terceira pessoa. Prometeram, de algum modo, viver o que a Escritura diz: "... e serão uma só carne" (cf. Gênesis 1,24). Tornar-se uma só carne não é um ato mágico, mas um caminho longo e árduo a ser percorrido: isso se chama fidelidade.

Conforme o itinerário que já percorremos até aqui, considerando os capítulos anteriores, é necessário se tornar uma só carne *além de tudo aquilo que cada um herdou* de sua família e de sua cultura. A relação entre o esposo e a esposa deve superar os condicionamentos de suas tradições familiares e culturais e formar *uma nova tradição, uma nova cultura familiar.* Não podem ser duas culturas justapostas, mas uma coisa só. Fere-se a fidelidade de ser uma só carne quando um tenta impor ao outro a sua bagagem cultural...

Tornar-se uma só carne é compreender também que cada um chega ao matrimônio em uma condição, e que, ao longo do caminho, *haverá tantas mudanças no interior da pessoa* quantas lutas e dias tiver de viver. Ser uma só carne vai exigir a capacidade recíproca de, no decorrer da vida, acolher o mistério que cada um é, com tudo o que isso significa. O sim é dado àquela pessoa inteira, àquilo que é e o que será.

É infidelidade querer que o outro permaneça fixado nas mesmas características e atitudes da época do casamento. Rompe-se a fidelidade quando não se aceita que aconteçam mudanças no interior da pessoa ao longo dos anos. É infiel aquele que rejeita a esposa de hoje, porque tem saudade daquela da época do casamento; é infiel a esposa que rejeita o esposo de hoje, por saudade daquele da época do casamento. Em certo sentido, nem as maiores rochas permanecem do mesmo modo.

Também se quebra a fidelidade quando marido e mulher nutrem comportamentos que tornam a vida do outro um fardo. Os vícios na vida matrimonial (humilhar, competir com o outro e desabafar com qualquer pessoa) são feridas graves à fidelidade. Ainda se gera ferida grave quando o casal não se mostra atento a quem o influencia e, pouco a pouco, a palavra dos que estão de fora se torna mais importante do que a do esposo e da esposa.

Todas essas formas de infidelidade antecipam, preparam e aprofundam a infidelidade conjugal, que chamamos de adultério. Aliás, em todas essas formas mencionadas há infidelidade, porque o outro não é tratado como *própria carne*, como parte de si mesmo. Como diria São Paulo, ninguém desprezaria a si mesmo (cf. Efésios 5,29).

Alex, as diferenças e a traição

Uma das experiências mais difíceis foi acompanhar o sofrimento de Sophia e Alex. Houve uma traição, que durou certo tempo e que disseminou muitos estragos. Eles eram casados há pouco mais de quinze anos, tinham uma filha chamada Vitória e um filhinho, o Cristiano. Ele era dono de uma oficina de funilaria, enquanto ela trabalhava como recepcionista. Casaram-se quando Alex tinha pouco mais de dezenove anos, sendo Sophia um ano mais nova. Ela estava grávida. Tinha recebido todos os sacramentos, pois era de família muito católica e participava de várias atividades paroquiais. Já Alex vinha de uma família sem qualquer prática religiosa, embora tivesse sido sido batizado ainda bebê por insistência da avó paterna.

Era uma manhã de junho, e, por volta das 9 horas da manhã, chegou uma figura sombria, com ar esquisito, contando muitas coisas. Falava freneticamente. Como eu já havia sofrido golpe de pessoas que trazem problemas extraordinários, com histórias confusas, mas, no final, apenas queriam dinheiro, fui direto ao assunto: "Você me disse que traiu sua esposa, que saiu de casa, que nunca foi de frequentar igreja... Disse também que se casou porque ela estava grávida... Falou muitas coisas, e não consigo entender o 'x' da questão. O que você realmente precisa, meu caro? Tente ser direto". Ele respondeu: "Preciso salvar meu casamento. Como faço?". Por um instante, pensei que, se tivesse deixado ele falar mais, teria uma tarefa menos difícil, que era apenas ouvir.

Como se salva um casamento, depois da traição, seja ela uma aventura em um período de crise no casamento, seja no caso de um longo período de vida dupla? Como se salva um casamento quando a esposa ou o esposo são humilhados não apenas quanto ao corpo, mas quanto aos sentimentos do passado, do presente e do futuro? Como salvar um casamento, se apenas estamos conversando com uma das partes?

Toda traição tem uma história, seja com raízes profundas ou rasas. E, depois da história vivida, como exigir que a outra pessoa tenha vontade, força e condições para superar o sofrimento que a situação provoca?

Diante de mim estava Alex, trazendo todas essas e outras tantas perguntas. Sua história pessoal era realmente "sem lei". Não tinha recebido da família qualquer tipo de *bússola* que o direcionasse no modo de organizar as coisas de sua vida. Não tinha recebido uma *formação religiosa* que o ajudasse a disciplinar seus desejos e pensamentos. Não tinha recebido algum tipo de *orientação* sobre o que significava a vida a dois.

Desde cedo, a única lei que aprendeu foi a do trabalho pesado. Começou a trabalhar muito cedo para ajudar a mãe, que era divorciada de um pai que muitas vezes a traiu. Diante disso, aprendeu que existia uma divisão na vida: uma coisa era sustentar a família e outra era aquilo que se fazia fora de casa.

De fato, nele conviviam a disposição firme ao trabalho, a resistência ao cansaço e a tranquilidade diante das humilhações no ambiente de trabalho, de um lado, e a superficialidade no trato com as pessoas, a promiscuidade de afetos e o desejo de reafirmar-se como um conquistador, de outro. Era mais ou menos isso que orientava sua vida: uma vez que conseguia dinheiro para as despesas da família, o que fazia fora de casa não contava.

O namoro com Sophia foi curto. Curto, intenso e sem muita reflexão para nada. Muito cedo ela ficou grávida. Ele sentia que gostava dela. Ela também gostava dele. Com o incentivo de toda a família, rapidamente se casaram. As diferenças se mantiveram em relação aos valores, ensinamentos familiares e tudo mais.

Os primeiros anos passaram rápido, porque Vitória estava sempre adoentada. Tinha saúde muito frágil, e isso mexia com Alex, que desejava ser para ela o pai que nunca teve. Quando ela tinha sete anos, veio o Cristiano. Aí então a alegria do Alex foi imensa. Sem que percebesse, situações *exteriores* serviam para deixá-lo tranquilo. Porém, depois de mais de quinze anos de relacionamento com Sophia, com o costume ou o esfriamento do encanto pelos filhos, a aquisição da própria oficina, certa tranquilidade financeira e os frequentes desgastes no matrimônio... Tudo isso gerou uma dúvida com respeito ao que sentia por ela.

Não demoraria muito para que outra pessoa despertasse nele o que achava que Sophia já nem reparava mais... Não demoraria muito para que isso gerasse uma sombra sobre tudo o que viveram desde o início do matrimônio. Não demoraria muito para que toda a vida que ele construiu com a esposa parecesse um fardo que o sufocava: "Você é tão jovem, bonito e bem-sucedido... Sinto você tão sufocado com tantas responsabilidades, que tiram sua juventude, sua liberdade". Alguns amigos incentivaram: "A garota está interessa em você... Não bobeia!".

Não é necessário prosseguir com detalhes sobre o que aconteceu: a distância, o disfarce, as desculpas, as mentiras, até que tudo foi descoberto. E, quando as coisas vieram às claras, percebeu-se a extensão de todas as ilusões.

Tentando organizar o caos

Nessas horas, a primeira coisa é pensar em como organizar o grande fluxo de ideias da pessoa. Essas situações são tão delicadas que, já nas primeiras palavras, ganhamos ou perdemos a confiança dessa pessoa. Tudo está em jogo.

Daquilo que lembro, meu conselho foi em três direções. A primeira era constatar que começaram a vida a dois com um *amor ainda não amadurecido*. Tudo, no começo, é sempre insuficiente mesmo. Nunca se pode esperar que, já no início, alguém tenha à disposição de si tudo de que necessita. Ainda que *tenhamos tudo potencialmente*, nem sempre estamos conscientes disso, nem sempre sabemos como buscar isso dentro nós. Às vezes, pesa muito a ilusão midiática sobre o amor.

Em que sentido o amor de Alex não parecia tão amadurecido? Porque, em algum momento, ele ou os dois acabaram se concentrando demais nos filhos. O ponto de equilíbrio de um casal é o quanto conseguem ser um para o outro, aquela unidade de ser *uma só carne*.

Às vezes, coisas maravilhosas, como os filhos, acabam desviando um pouco esse olhar que um deve permanentemente dirigir ao outro. E isso é perigoso. Porque, quando o olhar se desvia do foco certo, todas as coisas que acontecem não ajudam o amor a amadurecer. É como um bolo. De nada adianta aquecer o forno, se o bolo permanecer *fora* do forno. O forno aquecido é o olhar de um para o outro. Só assim o forno da vida pode assar ou fazer amadurecer o amor dos cônjuges.

A segunda direção era ajudar Alex a perceber *a insuficiência das suas referências sobre como ser esposo*. Ao mesmo tempo que não nascemos sabendo e que nenhum curso pode ensinar alguém a ser bom marido ou boa esposa, há sempre algo muito especial nos ambientes em que vivemos. Neles aprendemos ou *colhemos* coisas preciosas.

Alex não teve como referência um pai que fosse também bom esposo. Mesmo seu avô morreu muito cedo, quando ele tinha onze anos, e, como também começou bem novo a trabalhar em oficina – cheia de pôsteres de mulheres nuas, como ele mesmo disse –, talvez ali não houvesse quem o ajudasse a entender algumas coisas importantes sobre amar e permanecer com quem se ama. Ele estaria disposto a tentar recuperar o tempo perdido? A avaliar e melhorar o que pensava sobre vida matrimonial, relação com a esposa e a família? Ele precisaria de um processo de conversão, um processo de reorganização dos seus pensamentos, valores e ideias. O quanto estaria disposto a mudar?

Mas o ponto principal da conversa era que ele *não poderia exigir o perdão*. O perdão é um dom. Um dom não pode ser exigido. Pode ser suplicado na oração e à pessoa ofendida, pode ser uma consequência do amar, mas não do pedir. Ele seria capaz de compreender isso? Seria capaz de conviver com a memória de um relacionamento que teria chegado ao fim e cuja recuperação não poderia ser apenas uma tarefa dele?

Ainda me lembro do choro dele. Não é fácil ver um homem tão rude e grosseiro cair em lágrimas. Nessa hora, eu o chamei à oração. Há momentos na vida em que somente a oração pode plantar esperança no coração. A conversa se concluiu depois da oração e pedi que, se fosse possível, ele falasse à Sophia que viesse conversar comigo.

Errar é humano e perdoar é humano também

Sophia veio para o atendimento na igreja, mas parecia um pouco inquieta. Não conseguia nem imaginar que Alex pudesse ter me procurado. Não entendia por que ele teria ido conversar com um padre. De fato, nem eu entendi. Só ocasionalmente ele vinha à missa com ela. Geralmente ela vinha sozinha com as crianças. De qualquer modo, ele veio e o diálogo havia se iniciado.

Como ela trabalhava como recepcionista, tinha muita facilidade para se comunicar. Deixou muito claro o amor que tinha por ele, mas sabia que essa traição não era a única. Tinha sido a mais evidente e mais ardilosa. Não era do interesse dela descobrir com quem e de que modo tinha sido traída antes, mas sentia que havia muitas discrepâncias entre os dois, talvez irreconciliáveis. Sua principal dúvida era: *ele seria capaz de viver a fidelidade,* já que nunca aprendera isso no meio familiar e era o tipo de pessoa que se deixava influenciar facilmente?

Além disso, sempre foi da natureza dele contar mentiras ou distorcer fatos. E, com a situação dessa traição, a impressão que tinha era de que tudo o que construíram tinha sido em torno de mentiras, mal amarradas, e agora ela não sabia mais com quem tinha casado.

Meu esforço consistiu em mostrar a ela que minha preocupação não era que ficassem juntos ou separados, mas que ambos pudessem encontrar paz. Minha função como padre e pastor era conduzir o rebanho de modo que estivesse a salvo, em condições de paz.

Alex tinha me autorizado a contar a Sophia *tudo que ele tinha dito.* Sintetizei apenas os principais pontos dos meus conselhos e o modo como via as coisas. Ela disse que não teria dificuldade em perdoar, em retomar a vida conjugal, mas duvidava que ele estaria em condições de modificar seu pensamento e comportamento em geral.

Eu concordava com as dúvidas dela, mas entendia que o momento poderia ser de recomeço, se eles quisessem. Algo assim não pode ser uma obrigação. Só pode ser um dom. Muitas coisas poderiam *explicar* o que se passou, ainda que não justificassem as escolhas de Alex.

Nessa hora, aprendi com ela uma coisa que na Teologia me passou despercebido. Em algum momento, disse-lhe: "Errar é humano, e perdoar é divino. Nossa fé nos chama ao perdão…". E ela me deu uma bela síntese de toda a teologia do perdão: "Padre, errar é humano, e perdoar também!". De fato, Deus não precisa de perdão, somos nós, humanos, que erramos, e, se não conseguíssemos reconhecer as falhas que cometemos, o que seria de nós?

A conversa não se encerrou com um propósito decidido de que Sophia chamaria Alex de volta para casa ou de que viriam os dois conversar comigo. Ela sabia que, em algumas situações, também havia errado. Sabia que ambos deveriam rever vários pontos do casamento em que foram se distraindo e desviando o olhar um do outro.

Se uma traição tem história, o perdão tem caminho, e a superação da traição é uma longa peregrinação. Peregrinação na compreensão das fraquezas mútuas, das dificuldades que cada um enfrenta para permanecer fiel no propósito de ser *uma só carne*. É necessário refazer muitas coisas, e isso leva tempo.

A reconciliação entre eles aconteceu. A palavra "reconciliação" é interessante. Etimologicamente significa "colocar as coisas no lugar". Quando as coisas não estão no lugar certo, quando nossas preocupações e ocupações não são organizadas em uma proporção adequada, quando nossas metas e desejos são irreais e não damos o peso certo a cada pessoa em nossa vida, tudo fica fora do lugar. Reconciliar-se é mais do que ter uma conversa com sentimentos bonitos expressados de maneira recíproca. É o processo de reorganizar a vida de cada um, a vida a dois, a vida familiar.

Anote aí...

Já houve momentos na sua vida conjugal em que ocorreu alguma forma de traição? Você consegue descrever em que contexto, em que situação ou sob quais influências isso se deu? O que foi necessário para o casal se *reconciliar*, colocar as coisas no seu devido lugar?

_____
_____
_____

CAPÍTULO VI

Se eu me divorciar, o que irei fazer?

"Chutar o pau da barraca", como dizem, tem algo de libertador. Descer ao fundo do poço, às vezes, é a única maneira de firmar os pés no chão da vida e tomar impulso para subir de volta à tona. Perder tudo, muitas vezes, ajuda uma pessoa a reorganizar sua vida. Conheço muitos casais que viveram experiências realmente interessantes de renovação e redescoberta, depois que foram capazes de *passar a limpo* sua vida conjugal.

Não é fácil manter o foco, perseverar nos bons propósitos ou ser capaz de retornar logo que se pega um desvio errado. Perdemos o foco, o cansaço nos vence e insistimos em coisas que certamente não nos farão bem. Por isso, algumas *situações-limite* não indicam o fim, mas a possibilidade de recuperação e reorganização da vida.

Já observei que muitos dos planos que algumas pessoas fazem para a vida *pós-divórcio* são uma espécie de confissão sobre o que falta na vida conjugal. Percebo que *o problema não está no matrimônio, mas no modo como o estão vivendo*. Muitas vezes esses planos mais ajudam a perceber o que está indo mal no matrimônio do que indicam que ele tenha chegado realmente ao fim.

"Quero malhar, cuidar da saúde e me divertir"

"Quero malhar, cuidar da saúde e me divertir." Foi o que ouvi de uma senhora de uns cinquenta anos ou pouco menos. Não era uma frase de alguém muito jovem ou imaturo, com dificuldade de assumir as consequências de algum tipo de compromisso. A frase não tinha essa conotação. Vinha de uma mulher que ainda estava em excelentes condições físicas, trabalhava muito, mas que, ao mesmo tempo, se sentia sufocada por alguns caprichos machistas do marido.

Ela trabalhava há menos de dez anos, pois só começou quando, em um período de crise, o marido saiu de casa e ela percebeu como ficara dependente em tudo dele. Com sua saída, teve que se reorganizar. Ele ficou pouco tempo fora de casa, mas foi suficiente para ela ter um estalo sobre uma mudança séria na sua vida. Eles se reconciliaram, mas *parar de trabalhar* era a condição para prosseguirem com o relacionamento.

Ele era um homem de mentalidade bastante machista, fazia-lhe exigências muito detalhadas sobre como queria as coisas em casa, o modo de organizar as compras e preparar a comida, além de controlar o modo como ela se vestia. Depois daquele surto em que ele foi embora e se reconciliaram, ela conseguiu quebrar um pouco a dureza de pensamento dele.

Para se ter uma ideia, houve um período em que ela estudava à noite para concluir o ensino médio, e isso era motivo de brigas e humilhações frequentes. Teve até uma vez em que ele jogou a mochila com todo o material dela em um córrego... Ainda assim, demorou até chegar ao ponto de ele sair de casa.

Desta vez, era ela que começava a sentir o seu matrimônio como um peso, como algo que a sufocava. Ele tinha melhorado muito, mas ainda permaneciam alguns tipos de comportamentos. Ele se aproximava da aposentadoria, percebia que seu mundo diminuía de tamanho, os filhos estavam crescidos, a esposa mais independente... Diante desses abalos, que tantos homens experimentam, tinha recaídas nas quais queria sentir-se senhor e patrão da casa.

Ela não apenas estava pronta para fazer resistência, como também não aceitava mais esse tipo de controle. Em nossa conversa, disse-me que sua meta era malhar, cuidar da saúde e divertir-se. Depois de tantos anos, sob humilhações e priorizando os filhos, agora era seu momento de cuidar das suas condições de saúde para viver bem o tempo que ainda tinha. Disse a ela que essa meta era legítima, e que ela tinha o direito de viver essa conquista, mas talvez não fosse preciso jogar fora toda a história que o casal tinha junto.

Um tempo depois ele me procurou. Ouvi seus desabafos e notei que queria ouvir de mim alguma palavra que confirmasse suas chateações. Eu me preparava, pensando no que dizer. De repente, ele concluiu: "Será que é o fim do meu matrimônio, padre? Será que errei tanto assim e não vai mais ter volta?". É interessante notar como envelhecemos e concentramos nossas qualidades e defeitos, mas, ao mesmo tempo, perceber que nossas forças vão se esgotando e parece que nossos recursos para enfrentar o novo desaparecem por completo.

Olhando nos olhos dele, disse-lhe que tudo aquilo, na minha opinião, não indicava necessariamente que o casamento tinha acabado, "mas que um modo de viver o casamento tinha chegado ao fim". Se ele entendesse isso, certamente seu casamento não acabaria. É interessante ver situações em que os sentimentos e costumes falam mais alto que a reflexão. Não era difícil para ele *entender* isso, mas sim *aceitar*. Como mudar tanto a maneira de interpretar e reagir às coisas? Não é nada fácil.

Nessa conversa, ficou muito claro que ele percebia que não era mais possível manter o mesmo modo de tratar a esposa. Se continuasse assim, na hora em que deveria colher os frutos que foram semeados ao longo de uma vida, estaria jogando-os fora.

Infeliz – ou felizmente? –, ele teve uma complicação cardíaca e a recomendação médica era que reorganizasse sua vida com atividades e exercícios para superar o sedentarismo. Foi a chance, ou melhor, a oportunidade que teve de mudar... Talvez tivesse sido muito difícil para ele modificar sua vida, apenas por causa da esposa, mas terminou aceitando as mudanças como se fossem por necessidade médica. Ironia da vida essa novidade na sua saúde, mas eles prosseguiram seu caminho juntos.

O que seu casamento tem tirado de você?

Quando um casal nota que o casamento está *sem graça*, se sente sufocado e não sabe explicar como nem por quê, é importante fazer uma espécie de exame. Ao longo dos anos, quais foram as mudanças na rotina do casal? Que tipo de coisas faziam sozinhos, que tipo de coisas faziam juntos, o que se modificou?

É verdade que a meta de todo casamento é a de que *ambos sejam uma só carne*, mas isso não significa que o mistério profundo que envolve a existência de cada um acabará. O casal será uma só carne, sim, mas na riqueza e na profundidade de duas pessoas únicas e irrepetíveis, com histórias únicas e irrepetíveis também.

Às vezes, ao longo da caminhada conjugal, os esposos fazem, pelo bem do casamento, certas mudanças e renúncias que, pouco a pouco, desfiguram quem são e, assim, eles se esvaziam. Quando um casal está nessa fase, deve avaliar o que ficou para trás.

Sente que seu casamento tirou algo importante de você? Que tipo de coisa? Às vezes, os cônjuges abrem mão de algo que os fazia ser quem eram no momento em que se apaixonaram... E, quando se afastam disso, o relacionamento pode ganhar um gosto azedo ou amargo.

Selma e Renato eram casados há mais de doze anos e tinham dois filhos gêmeos, Patrícia e Pablo. Em um almoço com eles, Selma disse: "Olha, padre, como Renato tem engordado. Já disse a ele que precisa fazer academia ou caminhada, mas diz que isso não é para ele". Renato rapidamente deu explicações: "Padre, o que eu gosto é de jogar futebol. Para mim, academia não tem graça, mas sempre gostei de futebol. A Selma até ia com a prima dela ver a gente jogar, na época em que nos conhecemos. Mas, depois do casamento, só raramente posso jogar futebol, pois, se insisto, acaba sempre em briga...".

Essas mudanças de comportamento, quando não são fruto de uma decisão da pessoa, mas uma espécie de simples aceitação para que haja paz, geralmente não produzem bons resultados. Percebia no Renato certa insatisfação, porque foi jogando futebol que a conheceu, e percebia em Selma também uma preocupação com o ganho de peso que ele estava apresentando. O que o casamento tirou dele?!

Algo parecido acontecia com Érica e Valter. Eles se conheceram em um churrasco de amigos. Mas Valter era tão ciumento, que todas as reuniões e confraternizações sempre terminavam em algum desentendimento entre eles. Com o tempo, Érica passou a preferir permanecer em casa com o esposo e com a filha, Karina. Entretanto, isso não fazia bem à menina nem ao casal. O casamento havia tirado de Érica alguma coisa importante.

Poderíamos repassar muitos exemplos desse tipo. Todo compromisso *reorienta* nossos valores, mas não deve *eliminá-los*. Reorientar significa reorganizar, redirecionar. Eliminar tem a ver com sufocar, com dominar, e isso não é nada bom para o matrimônio.

Você percebe que faz exigências a seu cônjuge que talvez estejam *tirando* dele ou dela algo importante? Sente que ele ou ela faz isso com você? Seria bom estar atento a isso. Há muitos pedidos de divórcio que, na verdade, são mais um esforço por voltar a ter espaço, a respirar com os próprios pulmões, a recuperar a própria personalidade... Se o casal compreender essas necessidades tão básicas, certamente evitará crises desastrosas.

Sem conclusões, apenas meu abraço e minha prece

Chegamos ao final de uma caminhada juntos, na qual percorremos vários temas, assuntos, e em que alguns conselhos foram dados. O mais importante não está nas páginas deste livro; o mais importante se encontra no seu coração, nas suas decisões e na sua vontade de perseverar no amor.

Para mim, foi uma alegria imensa compartilhar com você estas páginas, resultado de reflexões ao longo de quinze anos como padre e conselheiro das famílias. Não prometi nenhuma fórmula mágica, mas tenho a certeza de que as ideias aqui partilhadas podem fazer muito bem a você e a outros casais.

Não poderia concluir sem ainda deixar duas lembranças que gostaria muito que você guardasse. A primeira é recordar-se da missa, dos sacramentos, da Palavra de Deus: tudo isso é essencial. Deus é imenso e nos oferece os auxílios de que necessitamos para superar nossas dificuldades. Então, a primeira lembrança é essa: a *espiritualidade* que brota da missa, dos sacramentos e da Palavra de Deus. A segunda lembrança é a *comunidade*. Caminhe acompanhado de outros casais, caminhe observando viúvos, solteiros, divorciados e celibatários. Não caminhe sozinho:

tenha diante dos olhos todos os outros desafios, todas as outras pessoas com suas alegrias, cruzes e esperanças.

Tenho certeza de que com uma espiritualidade madura e a caminhada em comunidade, você encontrará sempre ideias e criatividade para reinterpretar momentos diferentes da vida, analisar desafios e encontrar respostas.

Encerro deixando a você meu abraço de padre, de pai e de pastor. Viva sua vocação com seriedade, mas também com a alegria das pessoas simples, que não têm medo de aprender, corrigir-se e recomeçar.

Deus abençoe a cada um!

A seguir, compartilho uma oração que compus há alguns anos. Espero que você possa rezá-la todos os dias, compor outras e fazer da sua vida matrimonial uma linda liturgia do amor, para ser uma só carne.

Oração matinal do casal

Senhor, novamente me concedes um novo dia!

A noite passou e, com ela, que se distancie de mim
tudo aquilo que me afasta de ti.

Afasta de mim a intolerância
que me faz esquecer que também sou falho.

Afasta de mim a superficialidade
que me leva a agir esquecendo os valores que sustentam minha vida.

Do meu lado vejo minha esposa/meu esposo;
concede-lhe um dia tranquilo e sereno.
Nas dificuldades, inspira-lhe fé.
Nas alegrias, inspira-lhe ação de graças pela tua bondade.

Abençoa nossa família, protege-a
e orienta-a pelos teus caminhos.

*O dever me chama a sair deste leito,
altar sagrado do nosso amor, lugar do nosso descanso
e testemunha da nossa fidelidade na prova da enfermidade.
Abençoa este leito e concede-nos a graça
de retornar juntos para ele no fim deste dia,
para te louvar e bendizer pela vida que nos concedes.*

*Senhor, daqui a pouco saio de casa para enfrentar as lutas do dia.
Que a distância do lar aumente em mim
o amor pela minha esposa/meu esposo.
Ao longo do dia, quando me sentir só ou preocupado,
concede-me a graça de olhar para esta aliança
e recordar que não estou só: alguém me ama e reza por mim.*

*Senhor, eu te louvo por este novo dia: dom do teu amor.
Que eu saiba também me doar a ti e aos meus irmãos.*

Amém.

Um livro de diálogo on-line e off-line!

Para uma experiência ainda mais completa das páginas que seguem, deixo para você meu site e redes sociais. Lá você terá a possibilidade de continuar essas reflexões através dos comentários de outros leitores e, também, com novos textos que serão publicados. Meu site: <www.padrecleitonsilva.com.br>. Facebook/Instagram/YouTube: <@padrecleitonsilva>.